Berechnung von Kapitalwerten, Ablauf einer Kapitalerhöhung, Effektivverzinsung einer Anleihe und Finanzierungsformen bei einer Aktiengesellschaft

Madeleine Hartleff

Bibliografische Information der Deutschen Nationalbibliothek:

Die Deutsche Nationalbibliothek verzeichnet diese Publikation in der Deutschen Nationalbibliografie; detaillierte bibliografische Daten sind im Internet über http://dnb.d-nb.de abrufbar.

ISBN: 9783346467324
Dieses Buch ist auch als E-Book erhältlich.

© GRIN Publishing GmbH
Nymphenburger Straße 86
80636 München

Druck und Bindung: Books on Demand GmbH, Norderstedt Germany
Gedruckt auf säurefreiem Papier aus verantwortungsvollen Quellen

Das Buch bei GRIN: https://www.grin.com/document/1041438

Einsendeaufgabe

Aufgabe: C

im Studiengang Wirtschaftspsychologie (B. Sc.)

im Fach Finanzwirtschaft

an der

SRH Fernhochschule – The Mobile University, Riedlingen

Verfasserin: **Madeleine Hartleff**

Inhaltsverzeichnis

Abkürzungsverzeichnis

A	Auszahlung
a_0	Anschaffungszahlung
AK	Abgabekurs
AktG	Aktiengesetz
E	Einnahmen
EZÜ	Einzahlungsüberschüsse
HV	Hauptversammlung
i	Diskontierungszinssatz
K_0	Kapitalwert
K_{0FV}	Kapitalwert Fallvariante
L	Unternehmensanleihe
N	Investitionszeitraum
R	Effektivzins
RK	Rückzahlung
t	Zeitpunkt
Z	Nominalzinssatz

Abbildungsverzeichnis

1 Aufgabe C1

Ein Unternehmen möchte eine Investition in Höhe von 5.400.000 € tätigen. Die Anschaffungsauszahlung über den genannten Betrag soll zum 31.12.2019 erfolgen. Das Unternehmen nimmt einen Kalkulationszinssatz von 5 % an. Weiterhin geht das Unternehmen von folgenden Auszahlungen (A) und Einnahmen (E) aus:

A_{2020} = 1.000.000 €, E_{2020} = 2.000.000 €,

A_{2021} = 1.000.000 €, E_{2021} = 2.500.000 €,

A_{2022} = 1.200.000 €, E_{2022} = 3.000.000 €,

A_{2023} = 1.300.000 €, E_{2023} = 3.300.000 €.

Im nachfolgenden Text wird das Investitionsvorhaben mithilfe der Kapitalwertmethode betrachtet und anschließend interpretiert.

Bei der Kapitalwertmethode werden alle Einnahmen (E) und Auszahlungen (A), die auf die Investition bezogen sind, in dem Investitionszeitraum (n) gegenübergestellt (Heesen, 2020, S. 26) und ergeben anschließend die Einzahlungsüberschüsse $(EZÜ)$ (Becker & Peppmeier, 2018, S. 58). Diese Zahlungen werden dann auf den Zeitpunkt $t = 0$ mit einem geeigneten Zinssatz (Diskontierungszinssatz) (i) abgezinst (Becker & Peppmeier, 2018, S: 58; Jung, 2016, S. 832). Dabei stellt die Anschaffungsanzahlung (a_0), also die erste Zahlung, den Zeitpunkt $t = 0$ dar (Bonart & Bär, 2019, S. 172). Das Ergebnis dieser Berechnung ist dann der Kapitalwert (K_0), bezogen auf den Zeitpunkt $t = 0$ (Becker & Peppmeier, 2018, S. 57). Mathematisch kann dies mit der folgenden Formel ausgedrückt werden:

$$K_0 = -a_0 + \sum_{t=1}^{n} \frac{E_t - A_t}{(1+i)^t} = -a_0 + \sum_{t=1}^{n} \frac{EZÜ_t}{(1+i)^t}$$

Für das oben genannte Investitionsvorhaben ergibt sich somit folgende Berechnung:

$$K_0 = -5.400.000\ \text{€} + (2.000.000\ \text{€} - 1.000.000\ \text{€}) * \frac{1}{(1+5\ \%)^1}$$

$$+ (2.500.000\ \text{€} - 1.000.000\ \text{€}) * \frac{1}{(1+5\ \%)^2}$$

$$+ (3.000.000\ \text{€} - 1.200.000\ \text{€}) * \frac{1}{(1+5\ \%)^3}$$

$$+ (3.300.000\ \text{€} - 1.300.000\ \text{€}) * \frac{1}{(1+5\ \%)^4}$$

$$K_0 = +113.237{,}80\ \text{€}$$

Aus der Berechnung ergibt sich, dass das Investitionsvorhaben einen positiven Kapitalwert von +113.237,80 € erzielt. Dies bedeutet, dass die Investition sich lohnt, weil die Verzinsung des Investitionsvorhabens höher ist als der Diskontierungszinssatz. Im Einzelnen sieht die Interpretation des Kapitalwertes wie folgt aus: Die Einzahlungsüberschüsse betragen +5.513.237,80 €. Die EZÜ reichen aus, um die Anschaffungskosten von 7.500.000 € wiederzugewinnen und das gebundene Kapital mit 5 % zu verzinsen. Dadurch ergibt sich über eine Zeit von vier Jahren ein barwertiger Überschuss von +113.237,80 €.

2 Aufgabe C2

Im folgenden Text wird eine Alternativinvestition zu der Investition aus Aufgabe C1 betrachtet. Die Anschaffungskosten belaufen sich ebenfalls auf 5.400.000 €. Weiterhin gibt es in den Jahren 2020 bis 2023 einen jährlichen Einzahlungsüberschuss von 1.620.000 €. Diesem Investitionsvorhaben liegt folgende Berechnung zugrunde:

$$K_{0\,FV} = -5.400.000\ \text{€} + 1.620.000\ \text{€} * \frac{1}{(1+5\ \%)^1} + 1.620.000\ \text{€} * \frac{1}{(1+5\ \%)^2}$$

$$+ 1.620.000\ \text{€} * \frac{1}{(1+5\ \%)^3} + 1.620.000\ \text{€} * \frac{1}{(1+5\ \%)^4}$$

$$K_{0\,FV} = +344.439{,}82\ \text{€}$$

Aus der Berechnung ergibt sich, dass das Investitionsvorhaben einen positiven Kapitalwert von +344.439,82 € erzielt. Dies bedeutet, dass die Investition sich lohnt, weil die Verzinsung des Investitionsvorhabens höher ist als der Diskontierungszinssatz. Im Einzelnen sieht die Interpretation des Kapitalwertes wie folgt aus: Die Einzahlungsüberschüsse betragen +5.744.439,82 €. Die EZÜ reichen aus, um die Anschaffungskosten von 7.500.000 € wiederzugewinnen und das gebundene Kapital mit 5 % zu verzinsen. Dadurch ergibt sich über eine Zeit von vier Jahren ein barwertiger Überschuss von +344.439,82 €.

Wenn dieses alternative Investitionsvorhaben mit dem ersten Investitionsvorhaben (C1) verglichen wird, zeigt sich, dass über die vier Jahre betrachtet ein barwertiger Überschuss von +231.202,02 € erwirtschaftet wird. Dem Unternehmen wird deshalb empfohlen, die Alternativinvestition mit einem Kapitalwert von +344.439,82 € zu wählen.

3 Aufgabe C3

Zur Finanzierung des Investitionsvorhabens nutzt die Aktiengesellschaft die Möglichkeit der Kapitalerhöhung durch die zusätzliche Bereitstellung von Eigenkapital. Grundsätzlich kennt das Aktienrecht, laut Stopka und Urban (2017), vier elementare Arten der Kapitalerhöhung (S. 320). Eine dieser Formen ist die Kapitalerhöhung aus genehmigtem Kapital.

Der Gedanke des genehmigten Kapitals ist es, dem Vorstand einer Aktiengesellschaft die Chance zu gegeben, mit Zustimmung des Aufsichtsrates flexibel und schnell neues Eigenkapital zu beschaffen (Frodermann, Jannott & Becker, 2009, S. 226). Die Hauptversammlung kann mit einer ¾-Kapitalmehrheit den Vorstand dazu ermächtigen das Grundkapital durch einen Nennbetrag (= genehmigtes Kapital), der maximal 50 % des Grundkapitals betragen darf, durch die Ausgabe von neuen Aktien gegen Einlagen zu erhöhen (§ 202 AktG). Bei diesem Vorgehen handelt es sich nach Stopka und Urban (2017), sozusagen um einen „Vorratsbeschluss", der dem Vorstand die Möglichkeit gibt, sehr flexibel auf die aktuelle Situation des Marktes einzugehen, ohne zuvor eine Hauptversammlung einberufen zu müssen (Stopka & Urban, 2017, S. 118). Es kann somit sehr schnell neues Eigenkapital am Markt akquiriert werden, wenn der Börsenkurs der Unternehmensaktien sehr hoch ist (Ermschel, Möbius & Wengert, 2016, S. 118; Stopka & Urban, 2017, S. 324). Die einzelnen Phasen der Kapitalerhöhung werden im nachfolgenden Text dargestellt. Zur Veranschaulichung dieses Prozesses dient die Abbildung 1 auf der nächsten Seite.

Abbildung 1: Phasen der Kapitalerhöhung durch genehmigtes Kapital

(Quelle: Eigene Darstellung in Anlehnung an Frodermann et al., 2009, S. 227)

Drygala, Staake und Szalai (2012) weisen darauf hin, dass das genehmigte Kapital unbedingt eine Ermächtigung in der Satzung voraussetzt (S. 565). Diese Ermächtigung kann bereits in der Erstfassung der Satzung stehen (§ 202 Abs. 1 AktG), oder später durch die Hauptversammlung in einer Satzungsänderung aufgenommen werden (§ 202 Abs. 2 AktG). Die Dauer der Ermächtigung muss, nach Drygala und Kollegen (2012), in der Satzung der Aktiengesellschaft niedergeschrieben werden. Weiterhin ist es wichtig, dass der Nennbetrag, bis zu dem das Grundkapital erweitert werden kann, als Zahl in der Satzung beziffert wird (Drygala et al., 2012, S. 565). Wenn dies geschehen ist, kann die Anmeldung und die Eintragung der Satzungsänderung in das Handelsregister durch den Vorstand geschehen (Frodermann et al., 2009, S. 227).

Drygala und Kollegen (2012) schreiben in ihrem Werk, dass der Vorstand über die Ausgabe der neuen Aktien aufgrund des genehmigten Kapitals entscheidet (S. 566). In § 204 Abs. 1 AktG steht weiterhin, dass der Vorstand über den Inhalt der Aktienrechte und die Ausgabebedingungen entscheidet. Nach § 204 Abs. 1 S. 1 AktG heißt dies, dass der Vorstand insbesondere über die Festsetzung des Ausgabebetrages entscheidet, insofern keine anderen Bestimmungen in der Satzung niedergeschrieben wurden. Diese Maßnahme kann ebenso auf mehrere Schritte, sogenannte Tranchen, aufgeteilt oder ganz ausgelassen werden (Drygala et al., 2012, S 566).

Frodermann und Kollegen (2009) weisen darauf hin, dass die Hauptversammlung nach der Ermächtigung des Vorstandes diesen nicht zur Ausgabe von neuen Aktien aus genehmigtem Kapital und dementsprechend zu einer Eigenkapitalerhöhung anweisen kann. Der Vorstand entscheidet dies in pflichtgemäßem Ermessen im Rahmen seiner Geschäftsführerbefugnis selbstständig. Weiterhin entscheidet der Vorstand selbstständig über den Umfang der Kapitalerhöhung. Dabei muss der Vorstand die besonderen Angaben und die zulässige Höchstgrenze in der Ermächtigungsbefugnis beachten, falls diese vorhanden sind (Frodermann et al., 2009, S. 232). Daraus ergibt sich, dass weder die Hauptversammlung noch der Aufsichtsrat den Vorstand anweisen kann, von seiner Ermächtigung Gebrauch zu machen (Drygala et al., 2012, S 566).

Becker und Peppmeier (2018) schreiben, dass der Vorstand sich die Zustimmung des Aufsichtsrats einholen soll, um anschließend flexibel darüber entscheiden zu können, zu welchen Konditionen, zu welchem Termin und bis zu welchen Ausmaß junge Aktien emittiert werden oder ob generell keine Aktien ausgehändigt werden sollen (S. 162). Wenn die Zustimmung des Aufsichtsrates nicht vorliegt, darf das Registergericht die Eintragung der Kapitalerhöhung nicht vornehmen (Drygala et al., 2012, S. 566). Das heißt konkret, dass der Vorstandsbeschluss über die Ausgabe der neuen Aktien immer einer Genehmigung des Aufsichtsrates bedarf (§ 204 Abs. 1 S. 2 AktG; Frodermann et al., 2009, S. 227).

Nach § 185 Abs. 1 AktG erfolgt die Zeichnung der neuen Aktien durch eine schriftliche Erklärung. Diese Erklärung beinhaltet die Zahl der Beteiligungen und den Nennbetrag bei Nennbetragsaktien. Des Weiteren sollte die Erklärung bei der Ausgabe von mehreren Aktientypen deren jeweilige Gattung enthalten. Die Zeichnungsscheine der Aktien haben nach § 185 Abs. 1 AktG folgende Angaben zu enthalten: (1) das Datum, an dem die Erhöhung des Grundkapitals durch die Hauptversammlung beschlossen wurde; (2) Betrag für den die Aktien ausgeben werden, den festgesetzten Einzahlungsbetrag und den Umfang von möglichen Nebenverpflichtungen; (3) falls eine Kapitalerhöhung mit Sacheinlagen beschlossen wurde, ist weiterhin die vorgesehenen Festsetzungen niedergeschrieben und im Falle mehrerer Gattungen der jeweilige Betrag, der auf das Grundkapital entfällt; (4) zum Schluss muss der Zeichnungsschein noch den Zeitpunkt enthalten, an dem die Zeichnung unverbindlich wird, falls die Durchführung der Erhöhung des Kapitals nicht durchgeführt wird.

Nach Drygala et al. (2012) ist zu beachten, dass die Bezugsrechte der Altaktionäre durch den Vorstand ausgeschlossen werden kann. Dazu muss aber die Satzung den Vorstand zu einem Ausschluss von Bezugsrechten ermächtigen. Des Weiteren bedarf es vor dem Ausschluss von Bezugsrechten immer einer Zustimmung des Aufsichtsrates. Mit dem Recht des Ausschlusses von Bezugsrechten muss der Vorstand entscheiden, ob das gesellschaftliche Interesse über dem Interesse der Aktionäre steht. Falls es zu einem Ausschluss kommt, muss dieser vom Vorstand in einen Bericht in die der Hauptversammlung erläutert werden (Drygala et al., 2012, S. 566-568)

Bei der Leistung der Mindesteinlage ist, nach Amely und Immenkötter (2018), zu beachten, dass Altaktionäre immer nur so viele neue Aktien erwerben können, wie sie Bezugsrechte haben. Die Bezugsrechte ergeben sich aus der Anzahl der alten Aktien. Das Bezugsverhältnis besagt, wie viele neue Aktien ein Altaktionär mit seinen alten Aktien erhalten kann. Damit soll der Verwässerung von Kapital entgegengewirkt werden (Amely & Immenkötter, 2018, S. 81). Für die Altaktionäre ist, laut Stopka und Urban (2017), weiterhin wichtig, dass der tatsächliche Preis der neuen Aktien meist über dem festgelegten Nennwert liegt. Es wird somit ein sogenanntes Aufgeld gezahlt. Dieses Aufgeld fließt anschließend in die Kapitalrücklage des Unternehmens (Stopka & Urban, 2017, S. 319).

Im Anschluss kann die Durchführung der Kapitalerhöhung beim Handelsregister angemeldet werden und nach entsprechender Prüfung eingetragen werden (Drygala et al., 2012, S. 566; Frodermann et al., 2009, S. 227). Erst durch die Eintragung des Registergerichtes wird die Kapitalerhöhung wirksam (Drygala et al., 2012, S. 566).

Nach der Eintragung der Kapitalerhöhung im Handelsregister und deren Wirksamkeit, kann das Unternehmen die Aktien an die Aktionäre zum Emissionskurs auf dem Markt anbieten (Stopka & Urban, 2017, S. 319).

Frodermann und Kollegen (2009) weisen darauf hin, dass darauf zu achten ist, dass es keine ausstehenden Einlagen mehr auf das Grundkapital geben darf bevor neue Aktien für das genehmigte Kapital ausgeben werden. Ausnahmen bestehen hierbei nur bei Arbeitnehmeraktien und bei Verschmelzungen, Auf- und Abspaltungen von Unternehmen (Frodermann et al., 2009, S. 233). Bei der Aktienausgabe ist der Vorstand, laut Frodermann und Kollegen (2009), auf die, durch die Hauptversammlung, festgelegten Bedingungen gebunden und hat diese zu befolgen. Wenn es keine Voraussetzungen in der Ermächtigung gibt, dann kann der Vorstand im Sinne seines pflichtgemäßen Ermessens frei über die Ausgabe der neuen Aktien bestimmen (Frodermann et al., 2009, S. 233).

Abschließend erfolgt in der nächsten Hauptversammlung eine Berichtigung über das Eigenkapital der Aktiengesellschaft in der Satzung (Frodermann et al., 2009, S. 227).

4 Aufgabe C4

Zur Finanzierung der Investition möchte die Aktiengesellschaft neben der Kapitalerhöhung aus genehmigtem Kapital zusätzlich auf eine Unternehmensanleihe zurückgreifen. Dazu gibt es verschiedene Formen der mittel- und langfristigen Finanzierung (Becker & Peppmeier, 2018, S. 205). Nach Schweitzer und Baumeister (2015) fragen Kreditnehmer häufig nach hohen Finanzierungssummen, die die Kapazität eines einzelnen Kreditgebers übersteigen würden. Aus diesem Grund werden von Unternehmen gerne Unternehmensanleihen an der Börse gehandelt (Schweitzer & Baumeister, 2015, S. 754). Die Rendite bzw. der Effektivzins von solchen Anleihen kann mit der nachfolgenden Formel berechnet werden:

$$R = \frac{Z + \left[\dfrac{RK - AK}{L}\right]}{AK} * 100$$

In diesem Fall gibt das Unternehmen eine 5-jährige Unternehmensanleihe (L) aus. Diese Unternehmensanleihe hat einen gleichbleibenden Nominalzinssatz von $Z = 1,25\,\%$. Weiterhin wird die Anleihe mit einem Ausgabekurs von $AK = 99,00\,\%$ zu einem niedrigeren Wert als den eigentlichen Nennwert herausgegeben. Die Rückzahlung erfolgt im Anschluss zu $RK = 100\,\%$.

$$R = \frac{1,25\,\% + \dfrac{100 - 99}{5}}{99} * 100$$

$$R = 1,46\,\%$$

Aus der Berechnung ergibt sich für den Effektivzins ein Wert von $R = 1,46\,\%$, d. h. die tatsächliche Verzinsung des eingesetzten Kapitals liegt für den Kapitalgeber bei diesem Wert (börsennews.de, 2020) und nicht nur bei 1,25 %.

5 Aufgabe C5

Im folgenden Text werden die Finanzierungsformen der Kapitalerhöhung mit der Anleiheemission bei einer Aktiengesellschaft anhand prägnanter Merkmale verglichen.

Von einer Kapitalerhöhung wird im Regelfall gesprochen, wenn das Eigenkapital durch die Ausgabe neuer Aktien aufgestockt wird (Ermschel et al., 2016, S. 117). Dabei unterscheidet das Aktiengesetz nach Drygala und Kollegen (2012) vier Formen der Kapitalerhöhung (S. 553):

- ordentliche Kapitalerhöhung: Das Eigenkapital wird nach einem Beschluss der Hauptversammlung durch die Ausgabe neuer Aktien gegen Bar- oder Sacheinlagen erhöht.
- bedingte Kapitalerhöhung: Umwandlung von Umtausch- und Bezugsrechten in neue Aktien
- genehmigtes Kapital: Die Hauptversammlung ermächtigt den Vorstand zu einem späteren Zeitpunkt das Eigenkapital durch die Ausgabe neuer Aktien zu erhöhen.
- Kapitalerhöhung aus Gesellschaftsmitteln: Neues Eigenkapital wird aus der Umwandlung von Kapital- und Gewinnrücklagen generiert.

Wenn eine Kapitalerhöhung nicht möglich ist, gibt es, nach Schuster und Uskova (2018), die Möglichkeit festverbriefte Wertpapiere auszugeben, um mittel- und langfristig verbriefte Kredite zu erhalten. Die festverbrieften Wertpapiere werden auch als Emissionsanleihen oder Unternehmensanleihen bezeichnet. Dabei wird Fremdkapital bei mehreren Anlegern in Form eines Kredites durch die Aktiengesellschaft aufgenommen. Auch hier gibt es verschiedene Formen. Diese unterscheiden sich zumeist in ihrer Zinszahlungsmodalität und der Art der Tilgung (Schuster & Uskova, 2018, S. 77). Da es sich um Wertpapiere handelt, werden diese zum Verkauf angeboten und entsprechend an der Wertpapierbörse gehandelt (Schempf, 2019, S. 50).

Im ersten Teil wird über die Rechtsstellung von Kapitalgebern bei einer Kapitalerhöhung und einer Unternehmensanleihe geschrieben. Bei einer Kapitalerhöhung wird das Kapital durch die Gesellschafter bzw. die Anleger eingebracht. Dadurch entsteht ein Beteiligungsverhältnis zwischen der Aktiengesellschaft und den Aktionären (Frère & Zureck, 2020, S. 57). Sie sind somit Miteigentümer der Aktiengesellschaft (Amely & Immenkötter, 2018, S. 60). Dies heißt unter anderem, dass Aktionäre ein Mitbestimmungsrecht in Form der Hauptversammlung haben (Frère & Zureck, 2020, S. 57). Als Ausnahmen sind hier Aktionäre mit Vorzugsaktien und Genussscheininhaber zu nennen (Schweitzer & Baumeister, 2015, S. 719). Die Aktionäre können, laut Becker und Peppmeier (2018), im Rahmen der Hauptversammlung über Kapitalerhöhungen und Kapitalherabsetzungen mitentscheiden. Des Weiteren werden sie über wichtige Vorgänge und Ergebnisse der Aktiengesellschaft informiert und können eine Kontrolle über die Unternehmensführung ausüben (Becker & Peppmeier, 2018, S. 132). Hingegen entsteht bei der Einbringung von Kapital durch eine Unternehmensanleihe ein Schuldverhältnis zwischen der Aktiengesellschaft und dem Fremdkapitalgeber (Frère & Zureck, 2020, S. 58). Somit ist der Fremdkapitalgeber ein Gläubiger (Amely & Immenkötter, 2018, S. 60).

Diese zwei unterschiedliche Anspruchsgruppen vertreten dementsprechend gegensätzliche Interessen. Nach Bonart und Bär (2019) möchten die Eigenkapitalgeber ein Stimmrecht in der Hauptversammlung haben und über den Erfolg des Unternehmens mitentscheiden. Des Weiteren haben die Anleger ein großes Interesse an den künftigen Dividendenstrom und sind ebenso an einer Steigerung des Börsenkurses interessiert (Bonart & Bär, 2019, S. 192). Dabei orientiert sich die ausbezahlte Dividende an der Art und der Menge der Kapitalanteile (Stopka & Urban, 2017, S. 302). Hingegen liegt das Hauptinteresse der Fremdkapitalgeber an dem pünktlichen Erhalt ihrer Zins- und Tilgungsleistungen durch die

Aktiengesellschaft (Frère & Zureck, 2020, S. 58). Im Gegensatz zu den Aktionären, die Eigenkapital einbringen, haben Besitzer von Schuldverschreibungen kein Mitspracherecht in der Hauptversammlung und auch keinen Anspruch auf den Gewinn eines Unternehmens (Bonart & Bär, 2019, S. 193).

Im folgenden Abschnitt werden die Unterschiede in der Befristung des Kapitals betrachtet. Aktionäre stellen ihr Kapital im Regelfall ohne eine Befristung dem Unternehmen zur Verfügung (Frère & Zureck, 2020, S. 57). Bei Unternehmensanleihen sieht dies anders aus. Hierbei gibt es immer eine definierte Laufzeit (Frère & Zureck, 2020, S. 58). Nach Stopka und Urban (2017) werden im Regelfall Laufzeiten zwischen fünf und 15 Jahren vereinbart. Dabei ist zu beachten, dass sich Laufzeiten unter fünf Jahren meistens aufgrund der hohen Emissionskosten für ein Unternehmen nicht rechnen. Hingegen sind Laufzeiten von 15 Jahren für beide Parteien mit hohen Risiken verbunden (Stopka & Urban, 2017, S. 391). Zusätzlich muss erwähnt werden, dass die Schuldner bei der Ausgabe von Unternehmensanleihen sich ein vorzeitiges Kündigungsrecht in die Anleihekonditionen reinschreiben können und zeitgleich dieses für den Gläubiger ausschließen (Stopka & Urban, 2017, S. 395).

Im nächsten Punkt werden die Haftung, das Risiko und die Vermögensansprüche bei einer Liquidation der Aktiengesellschaft besprochen. Nach Frère und Zureck (2020) können Aktionäre immer auch als Risikogeber betrachtet werden (S. 59). Der Grund dafür ist, dass diese immer mit ihren eingebrachten Einlagen haften (Bonart & Bär, 2019, S. 193; Frère & Zureck, 2020, S.57). Becker und Peppmeier (2018) weisen darauf hin, dass Aktionäre nicht nur an den Gewinnen beteiligt werden, sondern ebenso an den Verlusten. Im Falle einer Insolvenz würde das heißen, dass die Eigenkapitalgeber erst nach der Bezahlung aller Verpflichtungen gegenüber Gläubigern ausbezahlt werden (Becker & Peppmeier, 2018, S. 132). Daraus lässt sich schließen, wie hoch das Risiko für Aktionäre ist. Laut Stopka und Urban (2017) erhalten Aktionäre deshalb als Ausgleich eine bestimmte Verzinsung. Die Untergrenze dieser Verzinsung orientiert sich an der prognostizierten Rendite einer vergleichbaren Anlage mit gleichen Risikograd. Somit kann gesagt werden, dass das Risiko von dem Unternehmenserfolg abhängt. Im Gegensatz zu Gläubigern können Eigenkapitalgeber Zahlungsansprüche gegenüber der Aktiengesellschaft nicht vertraglich durchsetzen, sondern müssen noch für die Zinszahlungen und Tilgungen der Ansprüche von

Fremdkapitalgebern aufkommen (Stopka & Urban, 2017, S. 302). Wie aus den bisherigen Ausführungen bereits zu lesen war, werden Fremdkapitalgeber im Rahmen eines Insolvenzverfahrens vorrangig behandelt, d. h. sie werden aus der noch vorhandenen Vermögensmasse befriedigt (Frère & Zureck, 2020, S. 58). Daraus folgt, dass Unternehmensanleihen grundsätzlich sicherer sind als Aktien (Bonart & Bär, 2019, S. 193). Trotzdem haben Personen, die Unternehmensanleihen erwerben, nach Stopka und Urban (2017), weiter Risiken zu beachten. Eines dieser Risiken ist, dass das gesamte angelegte Kapital durch den Insolvenzfall verloren wird. Ein weiteres Risiko ist die Änderung des Zinsniveaus. Auch bei steigenden Zinsen erhalten Anleger trotzdem weiterhin den vereinbarten Zinssatz. Weiterhin kann passieren, dass sich über die Laufzeit der Unternehmensanleihe steuerliche Änderungen ergeben und somit ein Nachteil für den Fremdkapitalgeber entstehen kann (Stopka & Urban, 2017, S. 392).

Im Folgenden wird das Finanzierungsvolumen der beiden Anlageformen diskutiert. Der Eigenkapitalgeber ist in seinem eigenen Kapital begrenzt und kann nur entsprechend diesem Kapital eine Anlage tätigen (Frère & Zureck, 2020, S. 59). Entsprechend muss der Eigenkapitalgeber die geforderte Mindestkapitaleinlage gegenüber der Aktiengesellschaft leisten (Becker & Peppmeier, 2018, S. 132). Bei Fremdkapitalgebern sieht dies anders aus. Meistens möchten die Unternehmen, nach Stopka und Urban (2017), eine so hohe Summe (mehrere Millionen Euro) finanzieren, dass dies ein einzelner Kapitalgeber nicht stemmen kann. Aufgrund dessen wird bei langfristigen Unternehmensfinanzierungen diese Summe auf viele Darlehensgeber gesplittet. Dadurch entstehen Teilschuldverschreibungen, die bereits zu einem Nennwert von 100,- € ausgegeben werden können (Stopka & Urban, 2017, S. 383).

Zum Schluss wird noch kurz auf das Thema Steuern eingegangen. Bei Eigenkapital müssen die Unternehmen, den kompletten Gewinn versteuern und können die Eigenkapitalzinsen nicht steuerlich geltend machen (Frère & Zureck, 2020, S. 57). Beim Fremdkapital kann hingegen die Steuerlast reduziert werden, da die Zinsen als steuerlicher Aufwand gekennzeichnet werden können und sich somit gewinnmindernd auswirken (Frère & Zureck, 2020, S. 58).

Literaturverzeichnis

Aktiengesetz vom 6. September 1965 (BGBl. I S. 1089), das zuletzt durch Arti-
kel 1 des Gesetzes vom 12.Dezember 2019 (BGBl. I S. 2637) geändert wor-
den ist. Zugriff am 28.03.2020. Verfügbar unter https://www.gesetze-im-inter-
net.de/aktg/AktG.pdf

Amely, T. & Immenkötter, C. (2018). *Investition und Finanzierung für Dummies*
(1.). Weinheim: Wiley-VCH Verlag GmbH & Co. KGaA.

Becker, H. P. & Peppmeier, A. (2018). *Investition und Finanzierung. Grundlagen der betrieblichen Finanzwirtschaft* (8.). Wiesbaden: Springer Gabler.
https://doi.org/10.1007/978-3-658-18275-5

Bonart, T. & Bär, J. (2019). *Quantitative Betriebswirtschaftslehre Band II. Markt-
theorie, Investition und Finanzierung* (1.). Wiesbaden: Springer Fachmedien
Wiesbaden. https://doi.org/10.1007/978-3-658-22509-4

börsennews.de. (2020). *Effektivverzinsung. Was ist eine Effektivverzinsung?*
Zugriff am 28.03.2020. Verfügbar unter https://www.boersennews.de/lexi-
kon/begriff/effektivverzinsung/388/

Drygala, T., Staake, M. & Szalai, S. (2012). *Kapitalgesellschaftsrecht. Mit
Grundzügen des Konzern- und Umwandlungsrechts* (1.). Berlin, Heidelberg:
Springer. https://doi.org/10.1007/978-3-642-17175-8

Ermschel, U., Möbius, C. & Wengert, H. M. (2016). *Investition und Finanzierung*
(4.). Berlin: Springer Gabler. https://doi.org/10.1007/978-3-662-49009-9

Frère, E. & Zureck, A. (2020). Finanzierung. In C. C. Jäger & T. Heupel (Hrsg.),
*Management Basics. Grundlagen der Betriebswirtschaftslehre – dargestellt
im Unternehmenslebenszyklus* (1., S. 47–73). Wiesbaden: Springer Gabler.

Frodermann, J., Jannott, D. & Becker, S. (2009). *Handbuch des Aktienrechts*
(Juris, 8. /). Heidelberg: C.F. Müller.

Heesen, B. (2020). *Basiswissen Investition und Bilanzplanung im Krankenhaus*
(1.). Wiesbaden: Springer Gabler. https://doi.org/10.1007/978-3-658-27321-7

Jung, H. (2016). *Allgemeine Betriebswirtschaftslehre* (13.). Berlin: De Gruyter
Oldenbourg.

Schempf, T. (2019). *Finanzwirtschaft – Finanzierung* (11.) Studienbrief. SRH
Fernhochschule - The Mobile University. Riedlingen.

Schuster, T. & Uskova, M. (2018). *Finanzierung und Finanzmanagement. Lehr- und Übungsbuch für das Master-Studium*. Wiesbaden: Springer Fachmedien Wiesbaden. https://doi.org/10.1007/978-3-658-18553-4

Schweitzer, M. & Baumeister, A. (Hrsg.). (2015). *Allgemeine Betriebswirtschaftslehre. Theorie und Politik des Wirtschaftens in Unternehmen* (11.). Berlin: Erich Schmidt Verlag.

Stopka, U. & Urban, T. (2017). *Investition und Finanzierung. Lehr- und Übungsbuch für Bachelor-Studierende* (1.). Berlin: Springer Gabler. https://doi.org/10.1007/978-3-642-01692-9

BEI GRIN MACHT SICH IHR
WISSEN BEZAHLT

- Wir veröffentlichen Ihre Hausarbeit,
  Bachelor- und Masterarbeit

- Ihr eigenes eBook und Buch -
  weltweit in allen wichtigen Shops

- Verdienen Sie an jedem Verkauf

Jetzt bei www.GRIN.com hochladen
und kostenlos publizieren